*Die Augen, Ohren und Nasenlöcher sitzen weit oben am Kopf.
So hat der Biber beim Schwimmen einen guten Überblick.
Er kann atmen, und er hört und riecht, was um ihn herum passiert.*

*Beim Tauchen kann der Biber seine Ohren verschließen, sodass kein Wasser eindringt. Durchsichtige Häute, die man Nickhäute nennt, ziehen sich über die Augen und schützen sie.
Der Biber ist aber kurzsichtig und erkennt keine Farben. Für ihn sind Riechen, Hören und Tasten sehr viel wichtiger als das Sehen.*

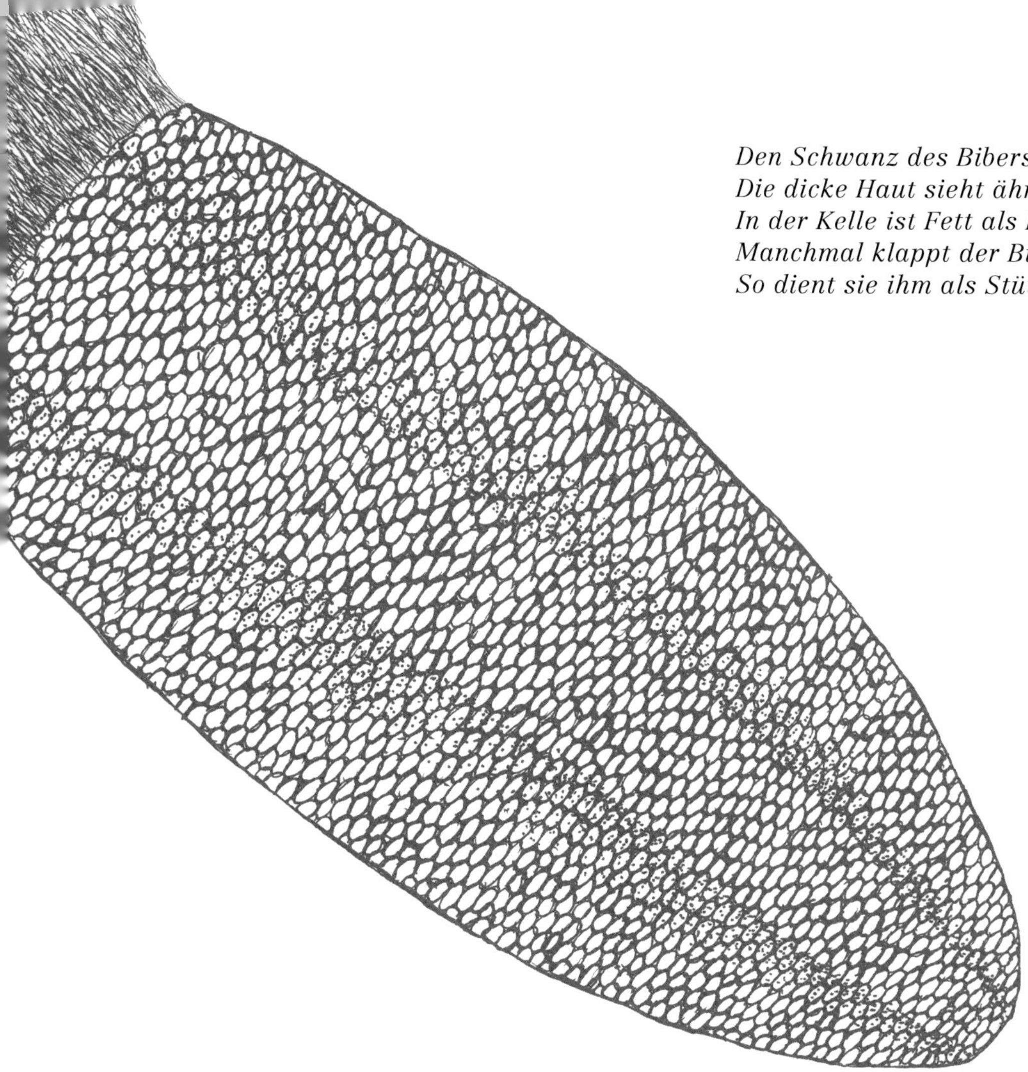

Den Schwanz des Bibers nennt man auch Kelle.
Die dicke Haut sieht ähnlich aus wie das Schuppenkleid der Fische.
In der Kelle ist Fett als Energiereserve bei Nahrungsknappheit gespeichert.
Manchmal klappt der Biber seine Kelle unter dem Körper nach vorn.
So dient sie ihm als Stütze, wenn er aufrecht sitzt.

Philip Taxböck von *»Hallo Biber!« Ostschweiz*
hat das Buchprojekt ab den frühen Skizzen beraten.
Die Fachstelle von Pro Natura in Bischofszell,
Kanton Thurgau, betreut eine der zahlenstärksten
Biber-Populationen der Schweiz.
Herzlichen Dank Philip! *Eva & Hans*

Die Deutsche Nationalbibliothek verzeichnet diese Publikation in der Deutschen Nationalbibliografie; detaillierte bibliografische Daten sind im Internet abrufbar über http://dnb.de

Eva Sixt (Text und Bilder): Am Biberteich

Atlantis, ein Imprint von Orell Füssli Verlag, www.atlantis-verlag.ch

Typografie: Manuel Süess, Zürich. Lithos: Photolitho, Gossau-Zürich.
Druck: Grafisches Centrum Cuno, Calbe. ISBN 978-3-7152-0744-5. 2. Auflage 2018

Am Biberteich

Eva Sixt

atlantis
thema

Der braun gefleckte Vogel mit dem langen Schnabel ist schon seit Stunden auf der Suche nach einem Sumpf oder einer Wiese am Wasser.
Dort leben Schnecken und Würmer, und die sind seine Nahrung. Aber wohin er schaut, überall sieht er nur Felder und Äcker, Straßen und Autobahnen, Städte und Dörfer.

Der Vogel ist hungrig. Zum Glück entdeckt er einen Teich.
Ein Bach fließt aus dem Teich heraus und schlängelt sich durch die Wiese.

Der hungrige Vogel mit dem langen
Schnabel ist eine Bekassine.
Jetzt stochert sie im Schlamm
nach Würmern und Schnecken.

Im Teich schwimmt ein Biber. Er schleppt einen Ast im Maul. Das kräftige Tier hat einen Damm im Bach gebaut. Es hat viele Äste herbeigeschafft und in seinen Vorderpfoten Schlamm und Steine zum Damm geschleppt, um die Zwischenräume abzudichten.

Der Damm hat das Bachwasser angestaut. Es ist über die Ufer getreten, und nun sind der Wald und die Wiesen überschwemmt. Einige Bäume hat das große Nagetier mit seinen starken Zähnen gefällt. Die Äste wurden als Baumaterial verwendet. Die Baumstümpfe ragen nun auf, und einige Stämme sind ins Wasser gestürzt.

Im Sumpf am Ufer gibt es viele Kanäle. Der Biber hat sie gegraben. In ihnen kann er schwimmen und Äste transportieren.

Er läuft nicht gern über das Land.

Nur selten kann man Biber am Tag beobachten.
Die großen Nagetiere sind meistens in der Nacht unterwegs.

Biber können einen Bau graben oder eine Burg errichten.
Das hängt davon ab, wie der Biberteich beschaffen ist.

Die Eingänge müssen immer unter Wasser liegen.
Dann sind die Biber vor Raubtieren sicher, denn die tauchen nicht zu den Eingängen. Deshalb kontrollieren Biber ständig den Wasserstand. Sie verändern den Damm, wenn es nötig ist. So bleibt der Wasserspiegel im Teich immer gleichmäßig.

Der Wohnkessel hat ungefähr einen Meter Durchmesser.

Ein Biber hat seinen Bau in die Uferböschung gegraben.
Wenn die Erdschicht über der Kammer zu dünn wird, schichtet er Äste auf, damit die Decke nicht einstürzt.

Ein anderer Biber hat seine Burg im Teich gebaut.
Auf dem tiefer liegenden Absatz schüttelt er sich erst mal
das Wasser aus dem Pelz. So bleibt der Wohnkessel trocken.
Er ist mit Holzspänen und Pflanzenteilen ausgelegt.
Hier verbringt die Biberfamilie den Tag.

An einer Stelle des Daches sind die Äste nicht so dicht geschichtet.
So gelangt immer frische Luft in die Burg.

Biberfamilien leben in einem Revier.
So nennt man das Gebiet, das sie gegen andere Biber verteidigen.
Der Bibervater und die Bibermutter bleiben oft ihr Leben lang zusammen.
Biber sind gesellige Tiere. Sie begrüßen Familienmitglieder mit einem Nasenstupsen und einem leisen Erkennungslaut.

Meistens im Mai bringt die Bibermutter zwei oder drei Junge zur Welt.
Der Vater verlässt dann die Biberburg für eine Weile.
Bald kommt er aber zurück und hilft mit, den Nachwuchs zu versorgen.
Erst werden die Jungen von der Mutter mit Milch gesäugt.
Bald beginnen sie, Pflanzen zu fressen.

Zuerst sind die kleinen Biber noch wasserscheu. Außerdem können sie noch nicht tauchen, weil in ihrem Fell Luft eingeschlossen ist.
Sie sind dadurch so leicht, dass sie an der Wasseroberfläche bleiben, als würden sie eine Schwimmweste tragen.
Die Mutter wirft oder schubst ihre Kinder einfach ins Wasser.
Nun müssen sie das Schwimmen üben. Und bald macht es ihnen Spaß.
Wenn sie schwerer geworden sind, können sie auch tauchen.

Biber mögen die Blätter und die Rinde von über hundert verschiedenen Bäumen und Sträuchern.
Und sie verspeisen mehrere hundert andere Pflanzen.
Dieser Jungbiber knabbert an einer Grauweide.

Platsch! Der Biber hat mit seinem Schwanz auf die Wasseroberfläche geschlagen, denn er hat am Ufer ein verdächtiges Geräusch gehört. Seine Familienmitglieder sind nun vor der Gefahr gewarnt. Dann taucht er ab.

Beim Baumfällen geht ein Biber sehr geschickt vor. Mit seinem kräftigen Gebiss kann er Rinde und Holz im Nu durchnagen. Wenn er lange genug arbeitet, stürzt der Baum um.

Oft werden dann die Äste abgenagt. Einige transportiert der Biber zu seinem Damm. Manchmal zerteilt er den Stamm auch noch in Einzelteile.

Beim Fressen ist das Nagetier gern ungestört. Es hat eine Rinne zum Bachufer gegraben, die Biberrutsche. Pflanzenteile schleppt es hierher und verspeist sie hier.
So kann der Biber bei Gefahr rascher abtauchen.

Nasse Erde für seinen Damm oder die Burg sammelt der geschickte Taucher am Grund.

Die Erdklumpen trägt er zwischen Kinn und Vorderpfoten zur Baustelle.

Wenn ein Biber einen Teich anlegt, verändert sich die Landschaft. Bald siedeln sich viele verschiedene Tiere und Pflanzen an. Das sind nur einige von ihnen:

Der *Schwarzstorch* ist scheu und selten. Er fängt Tiere, die im und am Wasser leben.

Die Federn des *Eisvogels* schillern türkis und orangebraun. Seine Brutröhre gräbt er in eine Lehmwand am Ufer, zum Beispiel dort, wo ein Biberbau eingestürzt ist.

Die roten Blüten des *Blutweiderichs* bilden Nektar und Pollen. Das ist die Nahrung der *Langhornbiene*.

Der Körper der *Wasserralle* ist seitlich ganz schmal. So kann sie geschickt durch das Röhricht schlüpfen.

Die *Gelbe Schwertlilie* wächst im Sumpf am Ufer.

Das *Pfeilkraut* heißt so, weil seine Blätter pfeilförmig sind.

Gern knabbert der Biber die Wurzelstöcke der *Gelben Teichrose*. Er gräbt sie am Teichgrund aus.

Die *Binsenjungfer* ist eine seltene Libelle. Sie ist eine Jägerin, die im Flug andere Insekten erbeutet.

Die *Ringelnatter* ist nicht giftig und für Menschen harmlos. Sie kann gut schwimmen.

In das morsche Holz eines abgestorbenen Baumes klopft der *Mittelspecht* seine Nisthöhle.

Auf den ersten Blick sieht die *Bisamratte* ähnlich aus wie ein Biber. Sie ist aber viel kleiner und hat keinen platten Schwanz. Beim Schwimmen ist ihr Körper nicht untergetaucht.

Äste der Bäume, die der Biber gefällt hat, bieten unter Wasser viele Verstecke. Manche Fische sind sogar zum Biberteich geflogen: Wasservögel haben die klebrigen Fischeier in ihrem Gefieder herbeitransportiert.

Der *Eisvogel* ist ins Wasser getaucht und packt mit dem Schnabel eine *Elritze*.

In ihrem Gehäuse ist die Larve der *Köcherfliege* geschützt. Sie hat diesen Köcher aus kleinen Steinchen und Pflanzenteilen gebaut.

Die *Posthornschnecke* raspelt Algen- und Pflanzenteilchen ab.

Hübsch getupft ist die *Bachforelle*. Sie fängt kleine Fische, Insekten und Krebse.

Die *Wasserspitzmaus* taucht nach Insekten und Würmern. Sie ist keine richtige Maus, und ihr Biss ist giftig.

Ein *Springfrosch-Weibchen* hat seine Eier an die Wasserpflanzen geheftet. Aus ihnen schlüpfen Kaulquappen, die sich allmählich in Frösche verwandeln.
(Der Frosch selbst sitzt auf der Rückseite dieses Buches.)

Zwischen den morschen Ästen im Wasser verstecken sich *Groppen, Steinbeißer, Moderlieschen* und andere kleine Fische.

Der *Flusskrebs* lebt nur in sauberem Wasser.

Bitterlinge legen ihre Eier in die *Teichmuschel*.
Die Larven dieser Fische wachsen dort geschützt heran, bis sie schwimmen können.

Wenn ein Biber einen Baumstamm nur annagt, stirbt der meistens irgendwann ab. In das morsche Holz klopft der *Specht* seine Bruthöhle.

In verlassenen Spechthöhlen ruhen *Fledermäuse* während des Tages. Wenn es dunkel wird, jagt die *Wasserfledermaus* Insekten. Sie fliegt dicht über der Wasseroberfläche.

Abgestorbene Bäume und tote Äste am Ufer sehen für viele Menschen unordentlich aus. Aber morsches Holz ist für Tiere sehr wichtig, und im Biberrevier gibt es jede Menge davon.

Hunderten verschiedener Tierarten bietet es Nahrung und Verstecke.

Ein Biber hat eine Weide gefällt. Am Stamm und am Baumstumpf sind bald wieder neue Zweige ausgetrieben.

Den *Scharlachroten Feuerkäfer* kann man kaum übersehen.

Die *Feuerkäferlarven* leben im morschen Holz. Dort erbeuten sie die Larven anderer Insekten.

Im Biberrevier gibt es viele verschiedene Weidenarten, wie Grauweiden, Silberweiden, Purpurweiden und Salweiden. Die Schillerfalterraupe verspeist die Blätter der Salweide und ist perfekt getarnt. Entdeckst du sie?

Nur wenn das Licht in einem bestimmten Winkel auf die braunen Flügel des Schillerfalters trifft, schillern sie violettblau.

Im Maisfeld klafft ein tiefes Loch.
Viele Maisstängel wurden abgenagt und sind verschwunden. Ihre Stümpfe ragen aus dem Boden.
Eine verdächtige Spur führt zum Bachufer.

Bauer Witt schimpft:
»Wäre ich noch ein Stück weitergefahren, dann wäre mein Traktor eingebrochen. Schon wieder Ärger mit dem Biber!«

Bauer Witt möchte die Biber weghaben. Es gibt aber auch Leute, die sich für Biber einsetzen.

Hören wir, was unterschiedliche Menschen vom Biber denken:

»Der Biber geht nie weit vom Bach weg. Nur am Wasser fällt er Bäume. Schäden auf Feldern richtet er nur an, wenn sie nah am Wasser liegen.«

»Deshalb soll immer ein Streifen mit Wiese, Bäumen und Büschen zwischen dem Bach und den Feldern bleiben. Das ist wichtig, denn dann werden keine giftigen Insektenvernichtungsmittel und keine schädliche Gülle in den Bach gespült.«

»Biber bewahren uns vor Überschwemmungen. Wo sie Teiche anlegen, staut sich das Wasser und fließt nicht so schnell.«

»Biber sind meine Lieblingstiere.«

»Seit die Biber am Fluss sind, gibt es auch viel mehr Fische. Gut, dass es bei uns wieder Biber gibt.«

»Weil der Biber einen Damm gebaut hat, ist mein Acker überschwemmt. Dort kann ich nichts mehr anpflanzen!«

»Ich habe einen Karpfenteich. Die Biber haben den Damm ausgehöhlt. Der Damm ist gebrochen und das Wasser ist abgelaufen.«

»Ich bin Bürgermeister, und in meiner Gemeinde haben die Biber große Schäden angerichtet. Das kostet uns viel zu viel Geld!«

»Biber sind Naturschützer! Sie legen Teiche an, die für seltene Tiere und Pflanzen ein Lebensraum sind. Und sie machen es ganz umsonst.«

»Die Biber lebten schon hier, als es noch gar keine Menschen auf der Erde gab.«

»Mir haben sie viele Rüben weggefressen. Ich mag sie trotzdem.«

»Wir dürfen doch kein Tier einfach ausrotten, nur weil es uns manchmal Probleme macht!«

»Der Biber hat 19 Bäume gefällt, die mir gehören. Jetzt kann ich das Holz nicht mehr verkaufen.«

»Es gibt viel zu viele Biber. Sie sind eine Plage!«

Was meinst du?

Eine Biberplage brauchen wir nicht zu befürchten.
Denn wenn junge Biber zwei Jahre alt werden, müssen sie das Revier ihrer Eltern verlassen.
Es würde in der Burg zu eng werden, wenn die Mutter im Mai wieder Junge zur Welt bringt.
Nun beginnt die gefährlichste Zeit im Leben eines Bibers. Er muss sich auf die Suche nach einem eigenen Revier machen.
Der junge Biber muss einen Teich oder See besetzen, oder ein Stück Fluss oder Bach, das ungefähr drei Kilometer lang ist. Manche Reviere sind größer, andere kleiner. Das hängt davon ab, wie viel Pflanzenfutter es im Gebiet gibt. Deshalb müssen viele Jungbiber eine sehr weite und gefahrvolle Wanderung machen.

Wenn schon ein anderer Biber in einem Gebiet ist, verteidigt er es wild gegen Eindringlinge.
Dabei kämpfen die Biber miteinander, denn nur ein Tier mit einem eigenen Revier kann überleben.

Auch in Dörfern und Städten siedeln sich Biber an, wenn sie dort einen guten Lebensraum finden.
Natürlich fällen sie dann auch Bäume.
Nun zeigt sich, welche Leute Biberfreunde sind und welche nicht.

Im Winter ist es ruhig am Biberteich.
Schwarzstörche, Bekassinen und viele andere Vögel sind in den Süden gezogen. Fische verbringen die kalte Jahreszeit nah am Grund, denn dort ist das Wasser am wärmsten.
Die Frösche haben sich im Schlamm eingegraben, und auch die Ringelnattern und die Insekten ruhen unbeweglich in ihren Verstecken, bis es wieder wärmer wird.

Die Biber halten keinen Winterschlaf. Auch wenn der Teich zugefroren ist, sind sie unterwegs. Manchmal verändern sie den Damm, um den Wasserspiegel abzusenken. Dann bleibt zwischen der Eisschicht und dem Wasser Luft. Im Zwischenraum schwimmen sie.

Im Wasser nahe dem Ufer haben die Biber Äste zu einem Nahrungsfloß zusammengetragen. Sie können von der Burg aus hintauchen, um sich Futter zu holen.

In der Burg ist es behaglich, und die Schneedecke schützt zusätzlich vor Kälte. Die Familie drängt sich aneinander. Alle wärmen sich gegenseitig.
Der dichte Pelz und eine dicke Speckschicht helfen gegen die Kälte, bis es wieder Frühling wird.

Die Menschen haben die Biber schon einmal fast völlig ausgerottet. Früher gab es überall in Europa viele Biber.

Die Namen von Dörfern und Städten erinnern daran, wie zum Beispiel Biberach, Bibermühle, Biberist und Biberhof. Man jagte den Biber, weil man aus seinem warmen Fell Mäntel, Jacken und Mützen nähte.

Ein Stoff, mit dem der Biber sein Revier markiert, wurde als Medizin verwendet.

Aus den Biberhaaren machte man Filzhüte. Wer sich einen solchen Hut leisten konnte, war ein angesehener Mann.

Grey Owl (1888–1938) war ein englischer Reisender und Autor, der sich als Halbblut ausgab. Zuerst war er als Trapper unterwegs, doch seine indianische Frau tat sich schwer mit dem Fallenstellen und Töten von Tieren. Als Grey Owl eines Tages eine Bibermutter getötet hatte und danach ihre Jungtiere entdeckte, änderte er seine Lebensweise: Zusammen mit seiner Frau Anahareo begann er Biber aufzuziehen und auszuwildern. Als Naturschützer hat er später über die kanadische Wildnis und über sein Leben geschrieben. Am erfolgreichsten war das Kinderbuch **Sajo und ihre Biber**. Die deutschsprachigen Ausgaben erschien unter dem indianischen Namen *Wäscha Kwon-nesin*. Er erzählt darin, wie Sajo und ihr Bruder für junge Biber sorgen.

Kinderbuch ab 10 Jahren; verschiedene Ausgaben, alle vergriffen; zu finden in Bibliotheken oder unter gutenberg.spiegel.de/buch/sajo-und-ihre-biber-9425/1

Auch die Mönche in den Klöstern haben dazu beigetragen, dass der Biber fast ausgestorben wäre. In der Fastenzeit ist es für Mönche verboten, Fleisch zu essen. Deshalb erklärten sie den Biber mit seinem schuppigen Schwanz einfach zum Fisch. Fisch war erlaubt, und die Mönche mussten nicht auf Fleisch verzichten.

Vor 150 Jahren gab es fast keine Biber mehr bei uns.

Biberpelz ist sehr warm und weich. Man konnte prächtige Kleidungsstücke daraus nähen.